JN439469

삶에서 만난 향기

경남 시인선 148

삶에서 만난 향기

이찬희 시집

도서출판 경남

묵향과 함께한 시집을 내며

이번 시집을 다시 내기까지 먼먼 길을 돌아 돌아 많은 시간이 걸렸습니다. 마음으로 공감할 더욱 성숙된 글을 한 아름 안겨드리고 싶어 벼르고 별렀습니다.

인생살이도 글쓰기도 정상을 향하는 등반인의 자세로 산 넘으면 산, 또 봉우리에 비교해 봅니다. 언제나 내 속에 묻혀 있는 무엇을 끄집어내고 싶어, 나를 불러내어 이고 지고 많고 많은 고갯길을 손 내어 저으며 훠이훠이 넘어가고 있습니다.

일상의 다채로운 경험들이 세상과 만나 소통하고 다시 다잡아 고쳐 살고 싶은 주어진 시간들 아득하게 멀게만 느껴지던 내 중심의 삶들 저녁은 다가오고 이제 벗어 내릴 때가 된 것 같습니다. 어둠이 내리기 전 있는 힘 다하면 몇 고개는 더 넘을 것 같습니다.

좋은 일이 있을 때마다 피는 거실의 난

그 난향 맡으며 나를 있게 해 준

나를 지탱하게 해 준

나를 사랑으로 지켜 준 모든 분들께 감사함을 전합니다.

이 좋은 계절, 시 한 구절 앞에 두고 마음 따뜻한 이와 눈 맞추고 싶습니다.

2012년 푸르름이 아름다운 계절에

한샘 이찬희 拜

차례

제2장

제3장

제4장

삶에서 만난 향기
제 1장

난향의뜻을
그려내는일은
고상한마음을
나타낸것이다
한샘

닮는다는 것

세월을 뒤집어쓴
허연 머리카락
때때로 검은 염색

하얀 천에
내가 바라는 색으로
고운 물들이고

당신은 누구를 닮아가며 살고 싶은가
닮고 싶어 해바라기하면
서서히
가랑비에 옷 젖듯 스며들어
바라던 그 물이 확 들어 버리지

입 춘

절기상 제일 먼저 찾아온 입춘
봄이 온다고 입춘이랬지
봄이 오면 꽃이 핀다고
봄이 오는 소리도 들린다고 했지

출근길
저 멀리 봄이 오나 하고
깨금발을 하고 둘러봤지만
봄은 어디에도 없었다

20개월 손자놈
태준이 집에 왔다
잎을 달고 꽃을 품고서
온 집안에 생기 넘치는
봄
봄이
봄들이
여기 와 있었다

이 아이의 이름은요

다섯 살 호기심 많은 손자놈
태준이 손에 들어가면 무엇이든 변한다
눈 깜짝할 새 어디든 내달린다

검은 보자기 덮어씌워도
고개를 바짝 들어올리는
시루 안의 콩나물 같은 태준이

삼복더위
엄마휴가차 고속기차 타고 할아버지 댁에 왔다

"이 아이의 이름은 김태준입니다
아버지의 휴대폰 번호는 ○○○이고요
어머니의 연락 번호는 ○○○입니다
빨리 연락 주시면 고맙겠습니다"

오른쪽 바지 주머니 안에
자랑삼아 내보인 코팅된 쪽지
화단을 가로질러
가벼운 새 한 마리 곁눈질하며
한바탕 웃음 까르르
어디론가 바삐 날아가고 있다

같은 길

3살짜리 외손자 놈을 데리고 딸아이가 친정 왔다
이것저것 아이를 위해 입을 것 신을 것을 잘도 챙긴다

딸아이 하는 말
자랄 때는 옷도 신도 큰 것만을 사와서
엄마에게 불만이 많았는데
아이를 키우는 지금
입을 것도 신을 것도 내년을 생각하며 큰 것만을 고른단다

자기의 행동이 엄마와 똑같아서 흠칫 놀라고 있노라고
지금 자신에게서 엄마를 느끼고 있노라고

맑은 바람
한샘

석 류

그래 언젠가는
내 이럴 줄 알았지

여름 내내 뜨거운 햇살
빡빡 문질러 대더니만

이제는 속내
더는 숨길 수 없나 봐

알알이 톡톡 터지는
빠알간 저 내숭

꽃샘추위

있는 힘 다해
밀어 올렸는데
내일이면 활짝 웃을 수 있는데

화사한 봄 옷 차려입고
봄나들이 가려는데
찬바람 가다 말고 홱 돌아서서
밤새 시커멓게 얼어버린
목련화
그래도 살아야 된다
그래도 견뎌야지
흰 속살 다시 드러내며 안간힘 쓰는

꽃샘추위 한나절

무르익는 햇살 아래
눈시린 나의 여인아
한섬이 찬화

소 리

찰랑대는 강물 위로
저만치서 봄이
찰방찰방 걸어오는 소리 들리는 날
내려선 강둑

버드나무 물오르는 소리
봄을 데불고 오는 바람 소리
땅속에서 들리는 새싹들 소리
촉촉하게 땅을 적시는 봄비 내리는 소리

그중에서
제일 크게 들리는 소리는
시간이 돌돌돌 굴러가는 소리
그 소리
소리들

오 월

푸르게 푸르게
층층 산자락 저 물결
하늘빛으로 밀려오고

마음 열고 쳐다보면
눈빛조차 푸른 5월

이 좋은 계절에

오월이 되면
온 천지 푸르듯
우리 지민이
겨드랑이에 날개 몇 개는 달렸다

문밖에 나가고 싶고
어디든 가고 싶고
끝없이 뒤뚱뒤뚱 내달리고 싶어
온몸이 근질거리나 보다

어린왕자가 되었다가
신데렐라도 되었다가
칠면조도 되었다가
판토마임 연극인이 되었다가

하루 자고 나면
쑥쑥 뻗고 자라는 나뭇잎처럼
지혜도 함께 자라라
푸르른 이 계절 오월에

포 도

하늘을 입에 물고
지지대로 지탱한 몸
한여름 밤의 짧은 축복

태양 아래 살아가는 생명
주렁주렁 매달린 탐스러움

나팔꽃 · 1

아침 햇살 퍼지자
새순 하나
손짓 발짓 하더니

오므린 꽃잎이
야무진 몸매로
크게 입을 벌리고

기지개 쭉쭉
키를 높이며
보랏빛 나팔을 분다

그대 바람 되어

먹을 풀어 만든
내 대숲에
그대 바람으로 오십시오

물기 머금은 푸르른 숲속
마디마디 파진 구멍에 슬픔일랑 가두어 두고
그대 바람으로 오십시오

서걱이는 댓잎 소리
엉킴 없는 곧은 줄기 사이로
그대 바람 되어 오십시오

그대 눈빛으로
그대 발자취로
5월 속에 묻힌 내 마음속으로
그대 바람 되어 오십시오

해바라기

지글지글 태양의
열정적인 뜨거운 사랑

당신을 그리는 마음
속속들이 새까맣게 타 버렸는데

어디 그런 뜨거운 사랑해 보셨나요

예쁜 짓

하루가 다르게
말이 늘어가는
생후 17개월 된 예린이
말은 다 알아듣고
숫자도 1부터 10까지는 알고
말하는 단어도 100개 정도는 될 것 같다
노래도 리듬을 타고
한 소절씩 음 높이도 조절해 가며 따라 부르고
예쁜 짓은 다한다
감기가 들어 아파도 그냥 그대로 뛰어놀고
잘 먹고, 잘 놀고, 잘 자고

웃다가 우는 모습도 귀엽고
울다가 웃는 모습도 예쁘기만 하고
말 그대로 천사가 따로 없다.

산다는 것

산길을 간다
도꼬마리가
바짓가랑이에 찰싹 달라붙었다
그 많은 가시들이
벼르고 벼르다가 임자 만난 듯 붙었다

산다는 건
전쟁이지
천지에 늘려 있는
도꼬마리 모양
늘 엉겨붙고 있지

봄소식

어제 내내 봄비 오더니

시꺼먼 산들이 부시시 깨어난다
온 산이 들썩거리고
노란 잎들이 기지개 켜며 세수하고 나온다

봄비가 보슬보슬
봄을 데불고 왔나보다

바람이 살랑살랑 어서 일어나라고
잎 피우고 꽃 피우라고
사알짝 산을 어루만지고 있다

봄비가
땅 밑을 톡톡 두들겨
알려 주었나 보다

달맞이꽃

오늘밤도 기다림으로 여는 마음
여름밤을 퍼담고 섰다

보름 달빛 묻어
길가 풀섶에
치장한 고운 자태

저토록
님을 향한 그리움
달빛 감추면 눈물이 맺히려나

여 행

초록빛 여름 싣고
똘망똘망한 매실 같은 아이들 데불고
여행길 나선 우리 가족들

발자국마다 콕콕콕 햇살 찍어가며
연둣빛 같은 지민이
초롱초롱 물오른 예린이
세상이 궁금해서 색안경을 낀 태준이
반짝이는 눈망울들 데리고

가족 모두
오월의 날개 달고 높이높이 날아가고 있다

차 향

뜨거운 김을 빼고
따뜻한 물을 부으니
하나 둘
살아나는 찻잎

서서히
돌돌 말린 찻잎들이
하나 둘 기지개를 켜며
일어나고

코끝에 차향이 느껴지고
가슴까지 전해지는 뜨거움

찻잔에서
노란 새싹이 움트는 소리 들린다
나뭇가지 물오르는 소리 들린다

허수아비

세상이 빙글 뱅글
현기증을 느끼며
단단한 뿌리 내리려고 비틀거리며 서 있다

속내 들키지 않으려
양손 뻗고 외다리 치켜세워
중심 잡으려 안간힘 쓰고 있다

날지도 뛰지도 못하는 욕망
나동그라지지 않으려고
다진 땅에 힘 쏟고 있다

구만산 계곡

장마철
마음이 심란할 때
억수로 퍼붓는 소나기 헤치고
구만산 계곡으로 가보라

굽이굽이 산자락마다
장맛비에 만들어진
작고 큰 폭포 폭포들
계곡 물소리 멍하게 듣고 나면
풀어지리라 가슴에 맺힌 응어리

마음 한켠이 허전할 때
바람 소리 소리 사이로
구만산 오솔길로 가보자

얼굴을 때리는
찬바람 오지게 맞고 나면
마음에 쟁여둔 슬픔 다 날아가고
돌아오리라 환한 얼굴 되어

꽃속에서 살면서

한샘

한밤중 매미 소리

아파트 날아갈 듯
무엇이 불만인지 한밤중 연이은 고함 소리
가로등 불빛 머리에 이고
어두운 하늘 가득 채우는 저 소리

밤잠을 설쳐대건 말건
울어대는 저 밝음의 착각

언제부턴가
밤마다 드높이는 목청

마감하는 하루

가방에 넣어둔 커드를 찾으려고
부스럭거리며 뒤진다

호주머니 여기저기 훑어봐도 없다
그래도 또다시 순서대로 주물럭거리며
헤매는 반복의 손놀림

뜨겁던 태양이
나를 닮아
산자락 어루만지며
궁시렁궁시렁
마감하는 하루

외로움

찬란하게 꽃피우고 싶은
마음속 불빛은
언제나 스멀거리고

보였다가
보이지 않다가
희멀건 나의 존재

가도 가도 여전히 그 자리
마주할 사람 없는
한 귀퉁이
소름 돋는 추위

삶에서 만난 향기

제2장

나를 잊고 싶은 날

가슴이 화끈거리는 날
희뿌연 탕 속에 푹 들어앉아
뜨겁게 달구어진 열기 식히고
겹겹이 쌓인 찌꺼기를 씻어낸다

철철 넘치는 물탕
부유물 떠나보내듯
나는 무엇을 더 씻어내고 싶다

나를 잊고 싶은 날
무엇을 더 씻어버리고 싶다

우포늪에서

보리이랑 일렁거리고
물결이 바람 타고 출렁이는
곡우 하루 전날 찾은 우포늪

지는 해를 뒤로하고 자전거도 마다하고
아빠 목말을 탄 지민이
넓은 늪을 보며 바다라고 우기고

물속에서 묻어나는 억만년 전의 저 생명 소리
물에 잠겨 철썩대는 왕버들 아래
손에 잡힐 듯 한가로운 청둥오리 몇 마리

사라지는 것들

어둠이 짙은 시간
무논에 못자리가 한창인 지방도로를 달린다

내가 지나가는 것을 알고
어디서 나타났는지
개구리 소리 요란하다

내가 그 소리 좋아하는 줄 알고
한 놈이 울면 또 여럿이서 와글와글
계기판을 보며 속도를 더 낮춘다

곳곳에 이어지는 도로공사
앞으로 개구리 소리를 들어볼 해도 얼마 남지 않았으리라
살 곳이 없어진 개구리들
자기들의 자리가 없어지는 것을 알고
저렇게도 울어 대는 것일까

사라지는 것들
없어지는 것들

초 대

푸르른 오월의 초장으로 당신을 초대합니다

초록빛 사이사이로 당신이 오신다면
탱자 울타리에 맑은 햇살 걸어두고
팔랑팔랑 나비 거느리고 마중 가리다

하얗게 부서지는 달빛 아래
마당 한가운데 잔디 무대
풀벌레 연주
무논에서 펼쳐지는
개구리 합창 들려주고 싶습니다

오월의 싱그러움 속으로 당신을 맞이하겠습니다

파마머리

"곱슬머리 10분 만에 폄"
화려한 색상의 문구
출입문에 붙어 있는 미장원

퍼런 지폐 몇 장을 발라
곱슬머리 바르게 쫘악 폈다

굴곡진 인생의 삶도
감았다가 풀었다가
날마다 살맛 나게 할 수는 없을까

청산도

전라남도 완도에서 뱃길로 45분
배 뒤꼬리에 붙어오는 겨울 바다 하얀 포말 너머
갈매기 두어 마리 앞세우고
바다처럼 하늘처럼
맑디맑은 순한 사람들을 만나러
찾아간 청산도

포구마다 때 묻지 않은
바닷바람이 허리 굽혀 인사하고
고성산, 범바위, 매봉바위 끌어안고 사는 청산도
구석구석 섬 일주 세 바퀴
겨울 바다 찬바람 속
샛노란 유자의 꿈을 키우는 청산도

청산도 옛 돌담길

집집마다
골목마다
긴긴 세월 소금기 절은
가지런한 옛 담장길

동촌 마을회관 앞 펄럭이는 현수막
'축 환영 문화관광부장관 방문'
이 섬에도 정치판 차려진 건가

동네사람 먹여 살리는
지천으로 널린 마늘 밭둑 돌담길 사이
새 한 마리 쪼르르
먹을 것 빼앗길라 손님보다 먼저 달려 나간다

세탁기

널브러진 옷가지들 위로
쏴아 물이 부어지면
신난 듯 서로 뒤엉켜 돌아간다

서로를 다독이며
안부를 물어가며

벗어버린 오늘
하얗게 되기를 빌면서
빙글빙글 잘도 돌아간다

함께

먼 길
긴 세월
함께한 시간들

주신 은혜 감사히
다독이며 걷는 길

아직도 갈 길 한참인데
마주보며 함께 가는 길

보이지 않는 끝을 향해
타박타박 손잡고 가는 길

구월의 길목

뜨겁게 달아오른 열기
마지막 여름 고개
넘어가는 길목

한가로운 운동장 구석
분주한 잠자리의 몸짓
파란 하늘 가을 소식
풀벌레 소리

점 하나

마음에 점 하나 키운다

그 점 하나가 생각이 되고

그 점 하나가 선이 되고

그 선을 무한대로 움직이면

그 선이 면이 되고
그 면은 입체가 되고
그 중심으로 또 움직이고

생각이 하나 되고
행동이 하나 되고
점을 중심으로 끊임없이 움직이는
그것은 희망과 꿈

가을 풍경

저녁 풀섶에서
풀벌레의
아름다운 가을 노래를
당신에게 드립니다

저녁 이슬들이
마음 적시는 길 끝에서
나를 찾아보는 시간입니다

환한 얼굴로
다가온 그대
한섬

환 희

아직도 시린 개울
토해내는 산자락

입덧보다 더한
진한 봄꿈에 속이 뒤틀린다

입에 문 환한 햇살
온 산은 하품하고

하얀 생명 펑펑 터지는
꿈틀대는 환희의 이 봄날

삶에서 만난 향기

푸르고 긴
난 이파리
사알짝 제치고

꽃대 하나
쏘옥
그리움으로 퍼질러 앉았다

휘어진
부드러운 잎새
눈 시리게
타는 하늘빛

방안 가득
난향 물고
파르르 매달린
저 몸짓
청초한 수줍음
빼어 물었다

여지껏 삭히지 못한
난향으로 저며진
사람

삶에서 만난 향기
그 사람이
그립다

모녀 사이

큰오빠인 남편 먼저 떠나보내고
혼자 사시는 70대 후반 큰올케는
세금고지서가 나와도
보일러가 고장나고
목욕하고 싶은 날도
병원치료를 가도
큰딸인 질녀를 바리바리 전화로 불러댄다

출근길에 아파트 입구에서 만난 질녀
새벽같이 엄마의 호출로 몸이 얼었다
전기장판 코드 빠진 줄 모르고 밤새껏 추위에 떨다 딸에게 전화했단다
고생이 많다라는 내 치사에
'내가 딸이고 내 엄마잖아요 괜찮아요'

시린 손 잡아줄
마른 가슴 안아 줄
서로가 필요한
우리 모두가 자식이고 엄마인데

부르고 또 부르고
듣고 또 들어도
방금 한 말 또 해도
'내가 딸이고 내 엄마잖아요 괜찮아요'

오늘 비가 그치고 나면
땅속 어린 싹 쏘옥 밀고 나오겠지

그런 날

언제는 마음 젖어 푹푹 빠지는 날
한두 번이었나

오늘도
진흙탕 묻어 허우적대고

그 마음 싹둑싹둑 포기 썰어
소금에 절였다가
여문 가을 햇살에 헹구어

미움
질투
시기심
자만감
온갖 양념
두툼한 고무장갑으로
흔적 없이 싹싹 버무려

꾹꾹 눌러 담고 싶은 날

꼭꼭 씹고 싶은 그런 날

님의 손
마주 잡고
뜨거운 마음
나누려고
그대 마중 가는
길이라오

한섬 이찬희

눈빛 하나로

해질녘

여름날 해질녘
빠알갛게 달구어진 바람이
강가에 나섰다

백로는 길게 목 빼어
발목 잠겨 먹이 찾고

징검다리
꼬마들 폴짝폴짝 소리
피라미 줄지어 도망간다

물비린내 훅 풍기는
강물 소리 따라

술렁이는 세상
펄럭이는 바람

공사장

25번 국도 도로공사

시도 때도 없이
사시장철 공사
또 도로공사

'공사 중 서행하시오'

표지판을 지키고 서 있는
목석 같은 저 남자
빨간 깃발로 바람을 가르는 구릿빛 몸짓

하루가 가고
한 달이 가도
꽉 닫힌 입

언제쯤 저 남자 표정이 뚫릴까

우주인

교실에서 각자 휴대폰을 두들긴다

하늘 가득히 우주선이 뜬다

지구를 향해
30명 중 거의 발신음을 보낸다

현란하게 움직이는 양 손가락
쉬지 않는 움직임
뺑글뺑글 돌아가는 머리
팍팍 돌아가는 손가락
빙빙 돌아가는 눈동자

이젠 우주인이 되어도 아무렇지 않다
이젠 눈알 빠지게 타전해도 아무렇지도 않다
모두들 너무 쉽게 우주인이 되었나

문장대

문장대 가는 길
법주사에서 6.7킬로미터

세상일 잠시 접고
골짜기 돌계단 따라
보여질 듯 보이지 않는 산 굽이굽이
구름 가득 고갯마루
내 발이 닿는 곳

문득 고개 쳐드니
웅장한 바윗덩어리
대한의 평화를 지키고 있다

빈마음
천년솔아
한샘

지리산

안개 자욱한 아침
가지마다 기지개로
이슬을 털어내고

바람 한 점 바위에 걸터앉아
가을을 재촉한다

색깔 고운 단풍나무
법계사 빈 돌벽에 기대어
홀로 먼먼 산 향하여 합장하는 하루

골목의 파수꾼

대형마트로 가는 큰길
신호등 건너편 은행 옆 골목
할머니들 좌판 나란히
갖가지 채소 두고 올망졸망 모여 있다

반들반들 까만 얼굴
기계의 계산이 필요 없고
양을 다는 저울이 아니라
손으로 한 줌씩 불룩 마음으로 달아준다

날마다
그리 많은 이야기
제자리 지키며
굵은 주름 패이도록 웃음판 날린다

변비

뒤뚱거리며 걷는다
똥 마려운 개 모양
배가 뒤틀리는 것
같으면서도
하루 종일 엉망이 된 기분

반란이 일어나야 할
창자에서는 지금 꽉 막힌 어둠 속
꽉 찬 독을 비워야 또 채울 것인데
무거운 것을 버리지 못하고

물, 물, 물, 마시고 또 마셔 보지만
어림없다
하는 수 없어 다 해보는 별별 짓
시원하게 빠져나가야 할텐데

어 어 어
그렇지

밑 빠진 독도 쓰일 때가 있구나.

소나기

무척이나 바빴나 봅니다
잽싸게 쏟아 놓고 뜀박질
소 등을 사이하고 뛰어가다니요

무엇이 그리도 할 말이 많습니까
콩 볶듯이 길 위 다다다 말 튀기더니
못다 한 말 어디 던져두고 가버렸습니까

고래고래 고함치며
가슴 치며 쏟은 눈물
발 굴러야 할 서러움 있습니까

우리는 가족 | 속죄 | 영시암 | 가을을 당신에게 | 백로 | 오천 평 숲길 | 산 오름 | 늦더위 | 묵매 | 갈매기의 꿈 | 시소 | 설악산 | 청간정 일출 | 옥돌 | 마나가하 섬에서 | 춘삼월 | 계판 | 동기회 | 사량도 등반길 | 썰매 | 붕대 | 춘분 | 용두목 벚꽃 | 뭐야

삶에서 만난 향기

제3장

우리는 가족

같이 여행하고 싶다면
좋은 것 있으면 함께 보고 싶고
맛있는 것 있으면 생각나고
그윽한 눈빛 마주하고 싶다면
이건
우리는 가족

슬픔도
기쁨도
감춤 없이
마음 숨김 없으면
그건
분명한 우리는 가족

속 죄

길가
빨간 줄장미
유월의 햇살 안고
손짓하며 오라더니

가을빛이 따가운 날
한잎 두잎 꽃잎 떨어져
세상에 보여 줄 것 다 보여 주었다고
이젠 다 살았다고
훌훌 빨간 옷을 벗어 버린다

나는
어쩌지
살아가면서 벗지 못할 옷들 너무 많은데

영시암

백담사에서 계곡을 따라 걸어 1시간
빗속에서 찾은 영시암

빗줄기 사선 긋는 저녁나절
계곡 따라 말없이 터벅터벅

흐르는 강물 출렁이며
장구춤으로 어깨 들썩

사람 무서운 줄 모르고
입맛 다시며 공양하라고 따라오는 다람쥐

후줄근 맞은 비 털어내는 나그네들
마루 끝에 비 피하는 말없는 부처런가

점점이 박힌 암호 같은 염불 소리
미련한 중생들아
헛되고 헛되도다
세상 집착 다 버려라

언짢은 심사 빗속에 다 흘려보내고
귓가에 자글자글
안개비 내리는 영시암

가을을 당신에게

해질녘 풀숲에서 쏟아지는
풀벌레들의 연주
들어 보셨나요
이 아름다운 가을의 노래를
당신에게 드립니다
저녁 이슬들이
내 마음 적시는 길 끝에서

이 가을
코스모스의 고운 빛깔로
포도의 새콤달콤함과
사과의 상큼함을
당신에게 드리고 싶습니다

백 로

이슬이 내리기 시작한다는
24절기 중 오늘은 백로

맑은 하늘 머리에 이고
흩어지는 구름 잡으러
뛰어다니는 꿈을 꿀 때가 있었다

파란 하늘과 흘러가는 구름들
보고 또 쳐다봐도
싫증 나지 않는 구월

고개 한 번 들면
수많은 이야기들이 쏟아지는
마음이 흔들리는 계절
구월
백로

오천 평 숲길

이름 석 자 잊혀지기 전
오천 평 너른 바위 숲길로 가자

푸르디푸른
솔 끝에 박힌 햇살 바르르
수묵화로 번지는 날

바위 바위 모여
너른 바위 오천 평
개울물 끼고 돌돌돌

실바람 한 줄기
가슴에 불러들여

그리움 한 자락 움켜쥐고
서성이는 숲길

산 오름

성암산 등반길에
얼마 전
설치한 나무계단

정해진 한 칸 한 칸
보폭도 간격도
일정한 칸들
잘 짜여진 틀만 디디고 올라가야 한다

산길은 자유로운 길
내딛는 발걸음마다
내키는 마음 따라 걸음 하였으면

수십 번 수만 번
틀에 박힌 우리의 삶도
나의 길도 이러했던가

늦더위

시끌시끌 수다를 떨며
왁자지끌하던 정열의 태양이

아예 엉덩이를 붙이고
눌러앉았다

다시 떠날 기색이 없다
싫다고 해도
눈치 없이 갈 채비를 하지 않는다

묵 매

내리고 싶은
내 삶의 짐들이

하얀 화선지 위
설한을 이기고
태어난 고운 홍매

햇살 한 줌 없으니
훅 풍기는 매화 향기

갈매기의 꿈

일생을 푸른 파도로
신나게 살든지

파도에 씻겨 없어지는
흰 모래로 살든지

오늘도
먼 파도 가르며
하얀 날갯짓

시소

올랐다
내렸다
반복하는 인생길

하늘 향해 솟았다 내리면
그 자리 그대로인 것을

아무리 용을 쓰는 삶도
그 자리 그대로인 것을

설악산

울산바위 품어 안고
병풍처럼 둘러싸인
눈 덮인 산봉우리들
숨은 듯 나올 듯
앞다투어 섰고
치렁치렁 아침 햇살
억겁을 매만지고 있다

청간정 일출

수평선을
뚫고 나온
저 장엄한
불덩어리

동해를 바라보며
넘실대는 낭떠러지 너머

어느 군자의 열정이
저리도 뜨거운가

옥 돌

그때는
아버지에게 그 돌은
거무틱틱한 잡돌이었나 보다
세상의 하고많은 돌들에게만 눈을 돌렸으니
우리들에게도 그 돌은
푸르스름한 잡티가 섞인 돌
그저 그런 돌이었다

논밭을 지키고
부엌에서 건강을 챙기고
방문을 드나드는 가족들의 버팀돌
시야에서만 맴도는
그저 그런 돌이었다

먼먼 세월이 지나
내 눈이
내 마음이 조금은 말갛게 닦이고 있는 지금
나의 버팀돌 그 돌이
이제야 알았다 옥돌임을
늦게나마 내 눈 내 마음을 씻게 해 준
어머니 고맙습니다

마나가하 섬에서

오색 고운 빛 바닷물
눈으로 모으고
하늘 끝에 매달린
뜨거운 저 해를 보라
알록달록 이름 모를 물고기 떼
원주민이 아님을 깔보고 희롱한다

뚝! 숨 거두고 급 하강
갈매기 몸 낮추어
바다 위에 꿈을 새기는 시간

세상사 무거움
잠시 비워두고 딱 한 달만
눈 감고 바닷물에 몸 담그고 싶다

먼먼 이국
수평선에 잠기는
붉게 타는 환상의 노을빛

춘삼월

며칠 계속 봄비 내리더니
나무마다 파란 물 오르고
매화 가지 꽃눈 입술 빼어물고
오늘 밤 속닥속닥
내일 아침 드디어
입에 문 꽃망울 빵 터지겠다

세상을 향한 저 함성
열 일 제치고
어디 한번 들어나 보자

찬바람
이겨낸 사랑
아름다워라

한샘 이찬하

계 판

동네 네거리 버스 승강장 옆
계판 열렸다
1톤 트럭 짐칸에 통닭집 성업 중
주먹만 한 육계 가로등 불빛 묻어
기름 뚝뚝
풍차 돌아가듯 빙글빙글

쇠꼬챙이에 일렬종대 열 지어
매끈한 몸매 선보이며
누군가가 호명하며 불러주길 기다린다

능숙한 손놀림 아저씨 얼굴
통닭 닮아 번지르르
온 동네 퍼지는 기름 냄새

동기회

까마득한 옛날이 되어
그 얼굴 잊고 산 지 얼마이던가
살다보면 문득
생뚱맞게 생각날 때도 있었다

오랜 세월 지난
초등학교 동기 모임
앞에 앉은 얼굴에서 기억을 더듬어 코흘리개를 찾아낸다

먼저 세상 떠난 목숨
참석하지 못한 얼굴
오늘 마주한 모습들
안줏감이 되어 아삭하게 질기게 질겅질겅 씹히고 또 씹힌다

할 말 못할 말 참고 있던 말
별처럼 쏟아놓고 삭히는 갈증
자기 자랑 자신에 도취되어
속속들이 파고드는 얼큰한 시간들

사량도 등반길

겨울 한 자락 바람 없는 잔잔한 일월
죽어라 산을 좋아하는 등반 팀들과
고성 가오치 선착장에서 배를 타고 40여 분
한 남자가 이룰 수 없는 사랑
상사병으로 죽어 뱀이 되었다는 사량도에 도착
이정표 따라 등산부터 먼저 한다

지리망산 정상에서 지리산을 바라볼 수 있다 하여 지리망산
혹은 상도의 지리산과 하도의 망산을 합쳐서 부른 이름으로
해발 397.8미터
풀이 나지 않아서 붙인 해발 400미터의 불모산
열여섯 살 옥녀가 욕정에 눈이 먼 의붓아버지를 피해 천 길
낭떠러지로 떨어져
그 바위 밑은 사철 붉은 이끼가 끼어 있는 해발 281미터의
옥녀봉
괴석 위에 해풍을 안고 외로이 서 있는 노송 한 그루
하마 부서질 것 같은
수많은 책을 쌓아 둔 것 같기도 하고 장롱을 재어 놓은 괴석
들

사방팔방 보이는 것은 푸른 다도해
터질 듯한 심장의 방망이질
솟구친 촛대바위
아슬한 낭떠러지
수도 없이 많은 돌산을 기어오르고 내리고
철계단, 밧줄, 철난간에 의지해
지루하지 않고 눈요깃거리가 너무 많지만 한눈팔지 못하는 등반길
낮다고 쉬이 보다가 큰코다칠라
다급한 도망자같이
죽을 판 살 판 돌벽을 기어올랐다.

썰매

혹한으로
마음까지 꽁꽁 얼어붙은 날
털모자 털장갑으로 완전 무장하고
플라스틱 썰매를 옆에 끼고
눈송이 같은 손주들 따라나선
남천강변 간이 썰매장

'썰매 3천 원에 빌려 줌'
의자에 기댄 울퉁불퉁 나무 널빤지 아래
깡통에 피운 모닥불
그 옆 검붉게 얼굴 그을은 할아버지는
나무로 덧댄 썰매를 수리하는 중

아이들은 무논 올챙이 떼가 되어 바글바글 왁자지끌
나도 덩달아 올챙이가 되어 그 속에 섞이고 있다

붕대

인물이 말끔한 아현이
오른팔 전체를 붕대로 둘둘 감고 등교하던 날

동생과 실랑이
넘어지면서 땅에 짚은 오른 손목 삐끗
삼사일 붕대로 고정
뾰죽삐죽 입술
동생에 대한 미운 마음 고스란히 담겼다

팔목 통증 사라지듯
보기 싫고 미운 마음
붕대로 덮어 버려라
앙칼지게 남은 것
모두 삭혀 버려라

붕대 밑
용서 기쁨 즐거움만 돋아날 거야
봄 햇살에 새싹 나듯

춘분

낮의 길이가 길어지기 시작하는
24절기 중 3번째인 춘분
부스스 깨어나는 가로수 버드나무

봄 햇살 퍼올리는 25번 국도
있는 대로 열어젖힌 차창

매화 향 어지럽게 받으며
농사일 시작 알리는 거름 냄새

지구의 끝자락까지 날아갈 것 같은
저 환장할 봄볕 속

용두목 벚꽃

마음 푹 젖어
아직도 갈 곳 몰라 서성인다

밤새 푸른 강물 출렁이더니
몸 부풀려 강가에 도열한
하늘하늘 하얀 축제

해마다 받는 초대
벌떼 윙윙
차량 떼 부르릉

싸아하게 취한 벚꽃 향기
갈 길 잊은 시간

뭐 야

와글와글
한 패거리로 뿌연 탕에 앉은 여인네들

"내일은 미자까지 여섯이서 조를 맞추어야 재미있단다"
이어지는 말들
"남자 까짓 둘쯤은 우리가 책임지고 녹일 수 있어"
호호 깔깔

말초신경을 자극하는
걸쭉한 입담에
내 귀는 쫑긋
별천지 여편네들 다 있네

돌아서는 내게 또다시 들리는 말
"내일은 돌이네 집 밭매기 약속은 꼭 지킬 테니
모레는 우리 집 복숭나무 적과하기다"

아뿔싸 내가 너무 앞서 갔나

제4장

삶에서 만난 향기

4월에 | 탁 터지고 싶은 날 | 묵향 | 인생 점검 | 한 말씀만 | 존재 이유 | 찔레꽃 | 난향蘭香 | 저 함성 | 달리는 능소화 | 일출 | 마음 가득 | 나팔꽃 · 2 | 라일락 | 꽃잔디 | 지는 해 | 또 그렇게 | 상동역 | 마음이 분주한 날 | 말놀이 게임 | 아 그렇구나 | 이런 날 | 조화

4월에

물오른 새파란
가로수 버드나무처럼
싱그러움 가득
가슴에 퍼 올리는 한낮

하얀 벚꽃 천지
하늘거린 꽃잎처럼
어지러움 가득
마음에 차곡차곡 쌓이는 한낮

햇살 한 점 노릇노릇
전 부치는 한낮

탁 터지고 싶은 날

창가 꽃병에 꽂아 둔 동백나무 두 가지
쏘옥 빼어 문 빨간색 입술

창밖 빗소리 듣고 또 듣고
내일은 톡 터지려나

그렇게 나도 빠~알갛게 탁 터지고 싶은 날

묵 향

먹을 간다

간이 알맞은 음식같이
햇살도 받아들이고
바람도 불러들이고
새소리도 모아
적당하게 먹물을 숙성시킨다

하얀 화선지를 펴면
그 속에서 내가 걸어 나와
난향도
국향도
매향도 피운다

나는 오늘도 먹을 간다
내 마음도 함께 갈고 있다

인생 점검

정리가 덜 된 피곤이
눈꺼풀 가득 출렁거린다

문득 삶을 정리하는 계산대
영수증에 사인하는 나를 본다
마이너스 인생 영수증

뭐야?
이럴 수가

아 아 지난 시절 악착같이 살지 못했을까
잘못 살았단 말인가
이미 때는 늦은 것
태풍에 흔들리는 문짝처럼
마음 한구석 덜컹거린다
불안 회한 통탄으로 가슴 아파 몸부림
두 손 내어 저으며 고함치다 놀라 벌떡 깨어났다

꿈이었다
나의 삶을 송두리째 점검하고
새로운 삶을 설계하게 만든
꿈
꿈이었다

한말씀만
하소서

한 말씀만

발 푹 묻은 진흙탕
꽃대 하나 추켜올려
귀 기울이란다

여름 빛 따가움
푸른 잎 걸쳐두고
하늘 향한
저 붉은 몸짓

푸른 기억 길게 걸쳐
여름 햇살 걸어내는
저 붉은 몸짓

남의 말도 잘 들으란다.

존재 이유

그대는 아는가
저 떨어지는 붉디 붉은 낙엽 모두가
바라던 그림이요
내 생의 존재인 것을

그대는 보았는가
말라비틀어진 이파리 모두가
꿈꾸던 시요
내 삶의 존재인 것을

찔레꽃

밭두렁 움켜잡고
흰 너울 쓴 새각시야

별무더기 열 지어
수줍은 꽃잔치

그리움 불러오는
저 하얀 손짓

난향蘭香

베란다 구석 난분
오가는 눈길에
서너 송이 연두색 꽃

시원한 산들바람같이
가슴에 스며드는
난향

옛 친구 그리움 같아
코끝 간질이는
맑은 향

환한 햇살에
익어가는 향기
한섬

저 함성

어젯밤
별이 밤새껏
달이 새벽까지
뻥튀겨 놓고 도망갔나
일시에 터진 청매화

하늘에서 터져 내려왔나
땅에서 터져 올라왔나
뻥튀기 기계는 보이지 않는데
가지마다 펑 터진 저 함성

확 재낀 문밖
마당 가득
고소한 냄새

달리는 능소화

맨발로 뛰었다
그를 향해

담장 어디쯤
벗은 신발 걸어두고

발가락마다
핏빛으로 멍든

하늘 향해
자꾸만 내달린다

어디까지 가야
그에게 다다를 수 있을까

일 출

붉은 알이 수평선에서 태어났다
누가 아침마다 알을 낳을까

붉은 공이 지평선을 뚫고 튀어 오른다
누가 아침마다 공을 던지나

바다 깊숙이 숨겨 두었나
하늘 저 높이 숨겨 두었나

갈매기들 떼 지어
'이 바보야 그것도 몰라'
끼룩끼룩 놀려대고 있다

마음 가득

서성이던
환한 햇살 기대어
활짝 벌어진 매화

숨죽이며 맡은 향
코끝에 달라붙어
일터까지 쫓아왔다

마음 가득 취한 향기
간직하기 아까워
친구에게 전송하는 아침

나팔꽃 · 2

탱자 울타리 넝쿨 걸쳐
이른 아침 나팔 부는

키우는 주인 없고
눈길 주는 나그네 없어도

자손 넉넉 대가족
아침 햇살 연주회

라일락

무르익은 봄날
봄 햇살이 꽃잎을 어루만져
향기조차 무르익어

라일락
리라꽃
수수꽃다리
정향목
정겨운 또 다른 이름도 가지가지

시가 되고
음악이 되는 아침

내 마음에 스며드는 라일락 향
그대에게도 전해졌으면

꽃잔디

눈길 따라
꿈길 따라
올해도 먼먼 길
그대 찾아
낮은 곳으로 왔지

두 눈 딱 감고
간도 쓸개도 다 내어 주고
바짝 엎드렸다
가장 낮은 자세로

키 높이 자랑하는 접시꽃
손 뻗어 올라가는 줄장미도
부럽지 않다

그대가 부른다면
자다가도 맨발로 벌떡 달려갈
출발선에서 엎드린 자세

낮은 곳
더 낮은 곳
제일 작은 모습으로

손에 손잡고
옹기종기 살아가는

우린 살아가면서
낮은 자세로 작은 모습 되어
그 누굴 위해 배려한 적 몇 번 있었던가

오늘도 해바라기하는
작은 보랏빛 앉은뱅이 꽃잔디

지는 해

학교 정문에서
바라본 노을이
오늘따라 참 곱다

넘어가는 해 붙들어 찻잔에 넣고
지나가는 실바람 풀어 저으면

자율학습 쉬는 시간
깔깔대는 여고생들
노을빛으로 우러날까

또 그렇게

어제저녁
필 듯 말 듯 울근불근하던
벚나무 끝가지가

아침에 눈을 뜨니
온 세상이 눈부시게
활짝 핀 벚꽃

밤새껏
별빛 달빛 먹고
화들짝 벙글어졌나 보다

꽃이 피는 것은 잠깐이더니
꽃이 지는 것도 순간이겠지

잠깐 피고 지는 벚꽃처럼
사랑도 인생도 또 그렇게

상동역

굽이굽이
긴 유천楡川 옆구리 끼고 도는
밀양 상동역上同驛

오가는 사람
듬성 듬성이어도
수신호 호각 소리 따라
무궁화호 서고 멈추는 옛날 이름은
유천역楡川驛

이따금
햇살 실은 바람이 쉬고
구름도 졸고 가는
굽이굽이 돌고 도는
빈지소

우리의 삶이 철길에 걸리고
빛바랜 태극기
역사驛舍에 매달려 하품하는
상동역

마음이 분주한 날

노란 국화의 가냘픈 어깨 위로
가을 햇살 어루만지는
한나절

가지 끝 하늘 저편
붉게 타는 홍시

고추잠자리 한 마리
분주하게 쫓고 쫓기는 운동장에서

날아다니던 지난날 그리며
고추잠자리가 되어 보는
마음만 분주한 가을날

말놀이 게임

희망으로 솟는
맑은 눈빛을 가진 동준이
초등학교 고학년 티가 난다

한자 음 따라
뜻 알아맞히기
세계지역 따라 나라 이름 이어가기
상대방 말이 끝나자마자
용수철 튕기듯 거침없이 이어 나간다

가슴에 묻어 둔
주체하지 못하는 이어가기 게임놀이
힘이 솟는 저 외침

후두둑 바람 한 줄기
따가운 햇살 따라가고
외손자에게 질세라 기를 쓰며
말 이어가기 더듬더듬 따라가고 있다

아 그렇구나

지천으로 널려 있는 식물들

이름이 있으면 풀이고
이름이 없으면 잡초다

제자리 자라면 풀이고
제자리 가리지 못하면 잡초다

아름다운 빛깔로 살면 풀이고
쓸데없이 밉게 끼면 잡초다

어디 식물만 그럴까

이런 날

누군가가 눈물겹도록 보고 싶을 때
욱수골로 가자
사람 향기 쉬 맡을 수 없는 산길
뭉쳐놓은 흰 털실 같은
하얀 찔레 향기 지천으로 널린 곳

누군가를 눈물겹게 사랑하고 싶을 때
욱수골로 가자
잘 익은 오월의 바람 따라
개울물 찰랑찰랑 올챙이 바글거리는 곳

찔레꽃 한 잎 살랑살랑 떨어지면
올챙이 놀라 도망치는
이런 날
눈물 콧물로 범벅이 되도록
그가 보고 싶다
그를 사랑하고 싶다

개울물 찰랑
올챙이 바글거리는 곳

찔레꽃 한 잎
살랑가 떨어지면
올챙이 놀라 도망치는 곳
눈물 콧물이 범벅이 되도록
그가 보고 싶다
그를 사랑하고 싶다

한섬 이찬희

누군가가
눈물겹도록
보고싶은 날
옥수골로 가자
사람냄새 없는 산길
뭉쳐진 흰털실 같은
하얀 찔레 지천을 널린 곳

누군가를
눈물겹게
사랑하고 싶은 날

조 화

가끔 들르는 그 가게에서

평소 좋아하는 색으로
남편은 흰색 내의를 고르고
나는 화려해 보이는 붉은색 내의를 골랐다

우리는 평소 남들에게 서로를 애인이라 소개한다

흰색으로 평화스럽다가도
붉은색 되어 얼굴 화끈거릴 일도
세월과 섞어서 살다보니
이젠 적당한 분홍색이다

가슴 벅찰 일도
설레이는 일 없어도
우리는 닮아가는 분홍색 하나이다